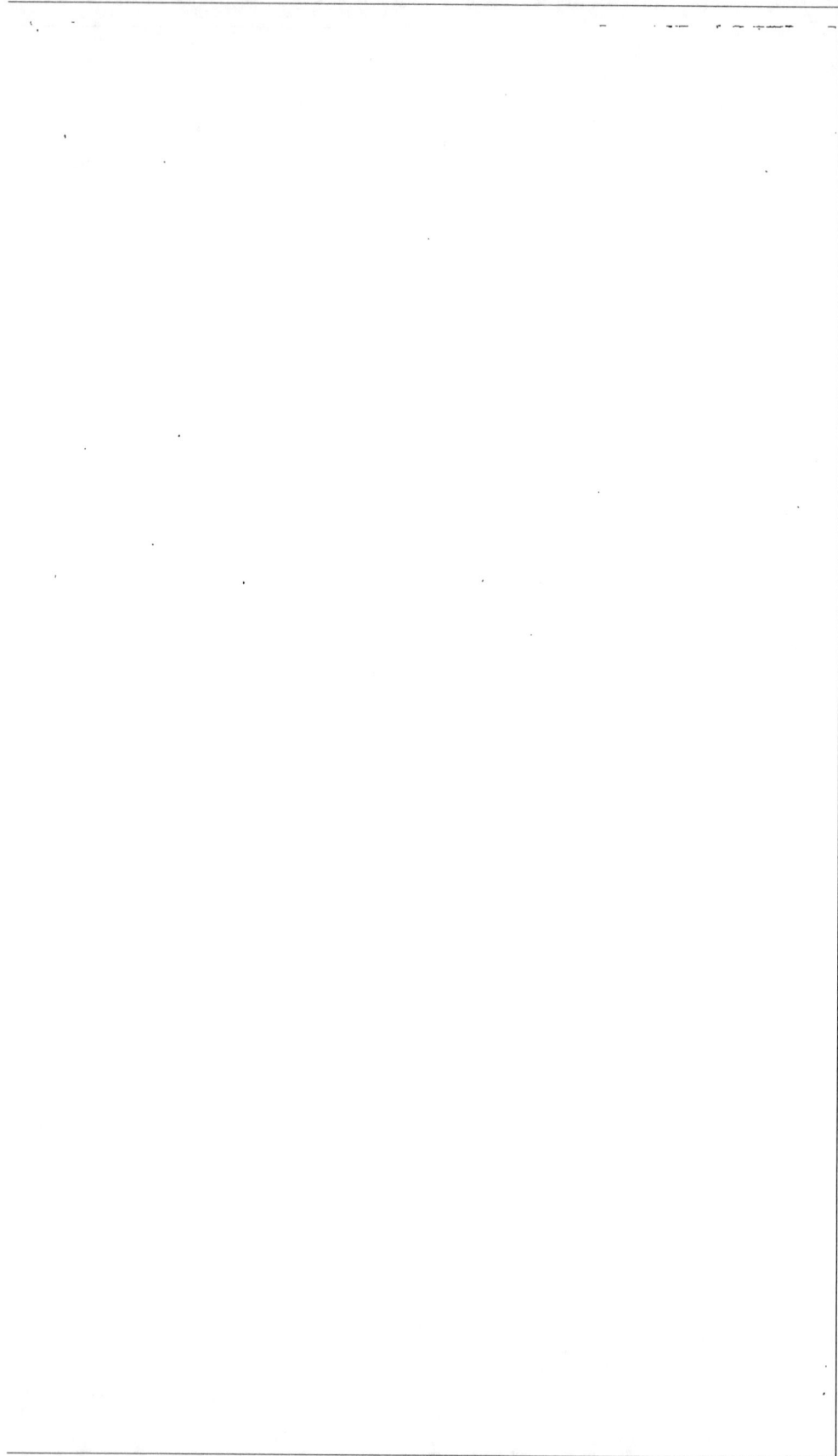

HISTOIRE

DES

MOBILES DU FINISTÈRE

(2ᵉ BATAILLON)

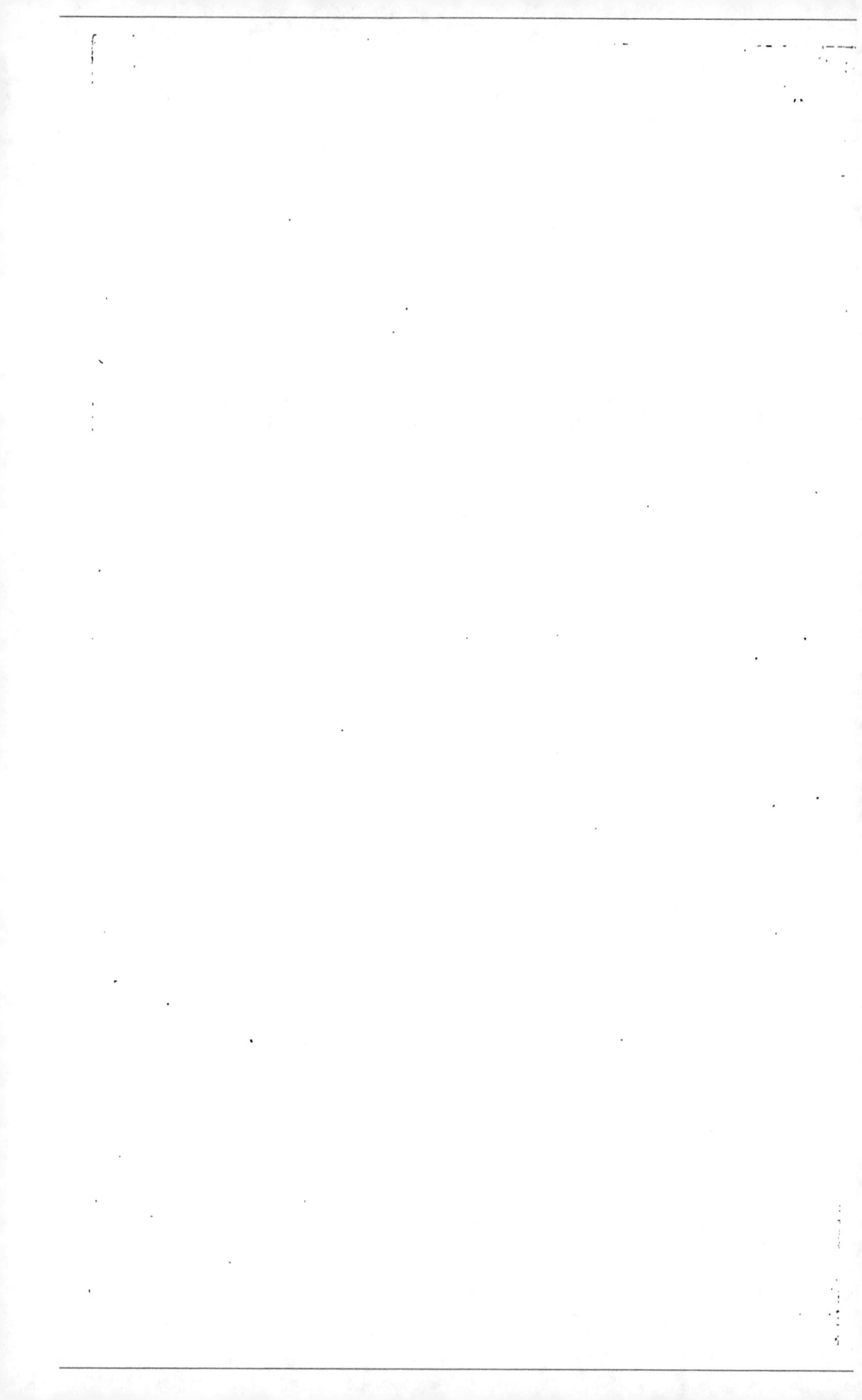

HISTOIRE

DES

MOBILES DU FINISTÈRE

(2ᵉ BATAILLON)

 A BREST ET AU SIÉGE DE PARIS

PAR UN CAPITAINE

—

PUBLIÉE AU PROFIT DE LA SOUSCRIPTION PATRIOTIQUE DES FEMMES DE FRANCE

BREST

IMPRIMERIE DE J. B. LEFOURNIER AÎNÉ, GRAND'RUE, 86

—

1872

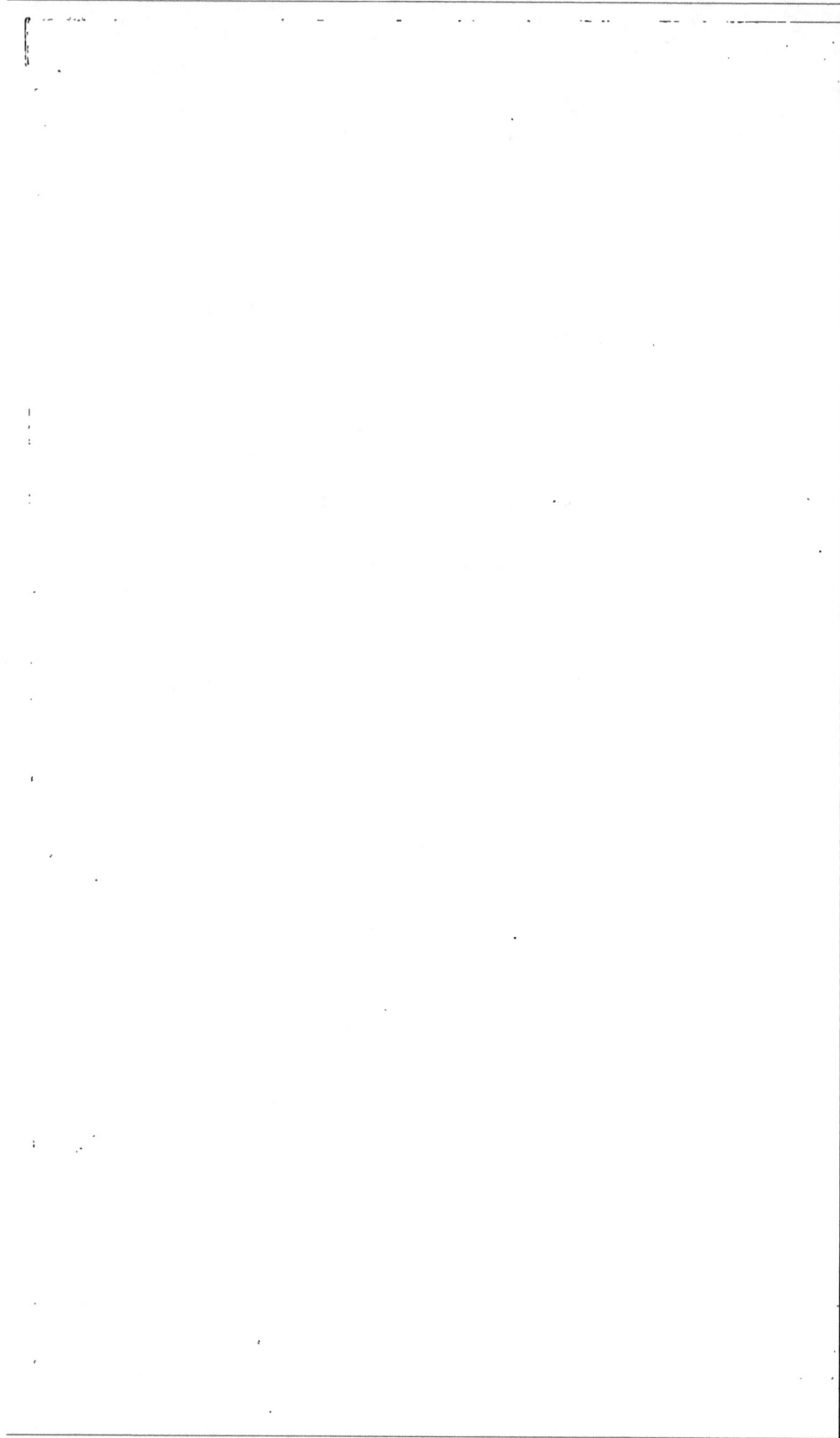

AVANT-PROPOS

Le but que nous désirons atteindre en publiant ce récit, est de laisser un souvenir ineffaçable des malheureux événements survenus, pendant la déplorable guerre de 1870 et 1871, aux jeunes gens qui faisaient partie des bataillons de mobiles du Finistère, et aux mobilisés de nos campagnes, qui ont contribué à la défense de notre pays.

Quoique ce passage de leur existence soit gravé dans leur mémoire, ils pourront s'en rappeler les détails en lisant ces pages, écrites dans le sens le plus simple ; ils y reconnaîtront les faits tels qu'ils se sont passés ; les familles, nous n'en doutons pas, écouteront cette histoire avec intérêt ; elle sera pour chaque mobile un gage de sa dette à la patrie, dans

1

les circonstances les plus difficiles qui se soient jamais présentées; elle pourra aussi instruire la jeunesse qui sera appelée, à son tour, à remplir les mêmes devoirs, dans un avenir plus heureux de régénération et de délivrance.

HISTOIRE

MOBILES DU FINISTÈRE

(2ᵉ BATAILLON)

❧

I

Après les premiers revers de nos armées, sur les bords
du Rhin, le gouvernement impérial commença à com-
prendre qu'il avait besoin du concours de tous les hommes
de bonne volonté, et en particulier des jeunes gens valides.
désignés par la loi militaire de 1868.

Dans le Finistère, comme dans presque tous les dépar-
tements, cette loi n'avait reçu aucune application.

Ce fut, seulement, pendant les premiers jours du mois
d'août 1870, que les autorités commencèrent à recevoir
des ordres pour l'organisation des bataillons de mobiles;
ce fut aussi au milieu de la plus grande consternation des
habitants de Brest, qu'on décida les appels des contingents
de l'arrcndissement : chaque jour, de nouveaux départs
de troupes s'effectuaient.

La garnison de notre cité assistait déjà aux premiers combats, et nos marins marchaient à la rencontre de l'ennemi, qui avançait à grands pas sur nos places fortes et menaçait Paris.

Plusieurs familles de notre Bretagne recevaient de douloureuses nouvelles des champs de bataille ; cependant, malgré les événements qui s'aggravaient de plus en plus, l'espoir régnait encore dans l'esprit de nos populations ; il réveillait le patriotisme et le dévouement, particulièrement chez nos anciens militaires, et aussi parmi les jeunes gens des classes, qui recevaient l'ordre de se rendre à Brest le 16 août 1870.

Ce même jour, nos mobiles campagnards arrivaient au chef-lieu d'arrondissement, en groupe, par commune, drapeau en tête, accompagnés de leurs parents, frères, sœurs, etc., etc., tous tristes, mais résignés et confiants dans l'avenir.

Ces jeunes gens étant réunis dans la cour du Château, on forma le deuxième bataillon du Finistère, sous les ordres de M. Noyer, commandant en retraite de l'infanterie de marine. Le 13 août, cet officier supérieur avait convoqué, dans chaque canton, quelques anciens officiers et sous-officiers de bonne volonté qui s'y trouvaient, pour se rendre à Brest avec les mobiles, afin qu'ils prissent, sous sa direction, le commandement des compagnies.

La plupart de ces anciens militaires sont venus à cet appel, laissant famille, femmes, enfants et leurs intérêts pour celui du pays. Tous étaient fiers du poste qu'on voulait bien leur confier, et résolus à faire leur devoir de soldat en toute circonstance ; cependant, il leur était facile de voir combien d'obstacles ils allaient rencontrer dans l'organisation de ces troupes improvisées, sans aucun élément pour la création des cadres et des emplois militaires.

Ayant entendu leur chef de corps, les capitaines, nommés provisoirement, reçurent les contrôles de leurs compagnies, dressés par le capitaine-major du département, ainsi que l'ordre de procéder aux appels et à la reconnaissance des sujets qui présenteraient le plus d'aptitude pour les différents emplois de lieutenant, sous-lieutenant, sergent-major, fourrier, sergents, caporaux et tambours ou clairons.

Le deuxième bataillon se composait des contingents des cantons de Daoulas, Ploudiry, Landerneau, Lesneven et Lannilis, lesquels donnaient, au premier appel, un effectif de 2,000 hommes environ, ce qui faisait, en moyenne, 280 mobiles par compagnie, tous ignorant les premiers principes des connaissances militaires. Il fallut donc prendre la plupart de ces hommes un à un pour les placer sur deux rangs, afin de les passer en revue, de les examiner et de savoir à qui donner, provisoirement, la surveillance des subdivisions et des escouades, pour l'établissement du casernement, le paiement de la solde, la distribution des vivres et l'installation des classes pour l'instruction.

II

Lorsque ces premiers préparatifs furent terminés, les capitaines présentèrent les mobiles, susceptibles de recevoir des congés de réforme, à la Commission civile et militaire qui siégeait à la caserne du Château.

De l'examen des certificats et des pièces établissant les droits de chacun, il résulta une diminution d'effectif d'un cinquième environ; de plus, un ordre préfectoral prescrivit le renvoi de tous les jeunes gens non inscrits sur les contrôles, à l'époque des révisions de leurs classes, les uns par suite d'erreur, les autres pour cas d'exemption, comme étudiants ecclésiastiques ou élèves des écoles normales, etc.

Ces réformes augmentèrent le travail du chef de corps et des capitaines qui avaient déjà beaucoup à faire pour l'organisation des différents services administratifs et journaliers, les exercices de détail, l'instruction pratique des élèves officiers, sous-officiers et caporaux et la direction des classes de la mobile.

Quant à nos jeunes candidats, il est juste de dire que par leur bonne volonté dans cette position d'élèves et d'instructeurs, ils aidèrent beaucoup leurs chefs, qui s'appliquaient à leur démontrer, brièvement, les articles les plus utiles de la théorie, afin d'obtenir de l'ensemble dans les mouvements des pelotons.

On employa à peu près dix jours, à l'explication des principes de la première partie de l'école du soldat, c'est à dire, la position sans arme, les différents pas, les marches de front et de flanc, et les demi-tours à droite. Pour ces premiers exercices, notre chef de bataillon reçut, avec plaisir, le concours de plusieurs civils, anciens officiers et sous-officiers en retraite, voire même M. le général Brunot, qui témoigna, en cette occasion, le plus grand patriotisme; il se plaçait parmi les instructeurs les moins capables, pour leur mieux expliquer la théorie, en même temps qu'il faisait exécuter les mouvements.

Des sergents de l'infanterie de marine vinrent aussi nous prêter leur aide.

III

Par suite des diverses administrations avec lesquelles il nous fallait être en rapport, notre chef de bataillon recevait souvent des ordres contradictoires ; il put, cependant, décider la nomination définitive des différents emplois de sous-officiers dans les compagnies, et le 24 août, M. le général de la division militaire approuvait les propositions aux grades d'officiers.

Ainsi, le bataillon commençait à prendre un peu de régularité. On toucha des effets de linge et chaussure, d'habillement, d'équipement, et des fusils modèle 1842 ; malgré la mauvaise qualité de ces effets, en général, et surtout la mauvaise confection de l'habillement, nos recrues présentaient un certain degré d'uniformité ; beaucoup d'entre elles se croyaient déjà les conscrits du maréchal Ney, vainqueur à Erfurt et à Lutzen.

L'esprit de discipline des mobiles de notre bataillon était au-dessus de ce qu'on pouvait espérer ; ils avaient tous un grand respect pour leurs chefs, quoique plusieurs fussent leurs camarades ou du moins leurs connaissances locales : tous témoignaient beaucoup de résignation pour se plier aux exigences des règlements militaires.

On pouvait donc compter sur l'obéissance et même sur la bonne conduite, en général, de cette jeune troupe ; mais cela ne suffisait pas. Maintenant qu'ils avaient des armes, il fallait leur apprendre à les démonter, à les remonter et à les manier convenablement, pour en faire usage dans la campagne qui s'annonçait prochaine ; puis les exercer

aux marches, réunis par section et par peloton. C'était
un travail pénible à entreprendre ; les fatigues que
nécessitaient ces exercices ne décourageaient pourtant
pas les instructeurs qui, sachant le jour du départ pour
Paris, fixé au 5 septembre, animaient par leur exemple le
zèle de nos mobiles.

Mais l'ordre de notre entrée en campagne fut changé
par un autre qui nous prescrivait de compléter l'effectif
du 1er bataillon, en lui passant 300 mobiles, afin de commencer le mouvement vers Paris.

Les compagnies du 2e bataillon se trouvant alors
désorganisées, on dut attendre 200 hommes de l'arrondissement de Châteaulin. Pendant ce délai, notre chef de
corps ordonna des théories sur les devoirs du soldat, le
tir et le service en campagne, et fit redoubler d'ardeur
pour les exercices sur l'école de peloton et de tirailleurs.

IV

Le 10 septembre, nous recevions l'ordre de partir pour
Paris, à 10 heures du soir. La journée fut consacrée aux
préparatifs de la troupe et des officiers : les mobiles avaient
chacun leur bissac à remplir d'effets les plus nécessaires ;
ils commençaient à s'installer assez convenablement, et
tous étaient disposés pour la route vers 6 heures ; l'enthousiasme paraissait général dans les rangs. Les parents
étaient venus faire leurs adieux à leurs enfants, et les
habitants de Brest nous accompagnèrent, musique en
tête, jusqu'à la gare : il n'y avait pas de larmes ; mais les

cœurs étaient gros ! Cependant, quelques jeunes gens chantaient des refrains patriotiques, les uns en breton, les autres en français. Les plus sérieux demeuraient silencieux, en pensant qu'ils laissaient femme et enfants dans la douleur, et se demandant aussi ce qu'on pourrait faire de cette troupe inexpérimentée, sans officiers exercés dans l'art militaire; car malgré les efforts inouïs des instructeurs, il avait été impossible d'obtenir, en si peu de temps, les connaissances indispensables à une armée en campagne.

Enfin, on s'embrassa, on échangea de bons serrements de main, et l'on se sépara avec l'espoir de revenir sinon vainqueurs, du moins persuadés d'avoir fait son devoir.

V

Dix heures sonnèrent à l'horloge de la gare, et le signal du départ se fit entendre. Plusieurs exclamations de : « Vive la France ! » éclatèrent ; puis le calme succéda à cette agitation, qui se perdit bientôt dans le bruit monotone de la locomotive et des wagons roulant sur les rails.

Aux premières stations, se trouvaient un grand nombre de parents, d'amis, attendant le passage du bataillon dans l'espoir d'embrasser encore une fois leurs enfants; mais il n'était plus permis à ces derniers d'aller vers eux; de loin seulement, on exprimait ses pensées qui se résumaient par un regard dans lequel se lisaient les mots : « Au revoir ! Bon succès ! » Et encore : « Faites que l'ennemi ne vienne pas jusqu'à nous !.. »

Ce monologue se terminait par les cris renouvelés de : « Vive la France ! Bon voyage!... » Quelques-uns disaient : « Adieu !... »

Le train reprenait sa route, et nos groupes de mobiles, installés dans les wagons, s'entretenaient sur leur nouveau métier; ils traitaient parfois à leur façon, — particulièrement les hommes exercés aux fatigues de la chasse, — des questions pratiques d'art militaire, qu'on pouvait appliquer dans nos montagnes ou nos défilés, surtout parmi ces champs clos, qui souvent forment des redoutes improvisées ou des embuscades, pour employer des troupes de tirailleurs dans les défenses ou les reconnaissances. Ces conversations dénotaient un certain degré de patriotisme local dans lequel il était facile de reconnaître le parti qu'on pouvait tirer de la mobile, qui, selon l'esprit de la loi de 1868, devait former les armées de province.

A Rennes, il nous fut donné un quart-d'heure de repos pour prendre quelque nourriture; les buffets étaient fermés. Il s'était fait un si grand mouvement de troupes, depuis quelque temps, dans cette gare, qu'on ne trouvait plus aucun aliment.

Au Mans, la réception fut la même. On ne voyait que des populations épouvantées par les événements malheureux qui se succédaient à l'Est de la France : chaque ville, chaque village se croyait déjà assiégé ; cependant, par notre confiance dans les exploits à venir, ces visages reprenaient une expression de reconnaissance à la pensée que nous allions, peut-être, arrêter l'ennemi.

A Chartres, à Rambouillet, à Versailles la terreur était la même. Le train ralentissait à tout moment; nous croyions Paris envahi, et, comme nous étions en route depuis vingt-quatre heures, il nous tardait d'arriver. La lune était resplendissante, ce qui nous permettait de voir, entre Meudon et Montparnasse, les préparatifs de la défense, et les démolitions sur les zones des fortifications. Ceux qui avaient vu ces environs de Paris et l'opulence

de cette ville se demandaient le sort qui lui était réservé ;
mais ces tristes réflexions furent interrompues par le sifflet
qui annonçait notre arrivée, à dix heures et demie, dans
la gare de l'Ouest.

VI

Le 2e bataillon, sorti des wagons, se rangea en colonne
serrée par peloton sur l'esplanade de Montparnasse ; on
forma les faisceaux en attendant le logement qui n'était
pas désigné. Pendant ce repos, on eût désiré se réconfor-
ter ; mais, contrairement aux habitudes de Paris, tout était
fermé à 11 heures du soir. L'officier chargé du campement
nous annonça qu'il fallait placer nos hommes, pour le
reste de la nuit, sur les bancs du Cirque National. Le
lendemain matin, c'est-à-dire le 13 septembre, nous
devions loger chez l'habitant, dans l'arrondissement de
Reuilly, quartier St-Antoine, et place du Prince-Eugène.

Pour nous rendre au lieu désigné, nous avions donc
environ 6 kilomètres à faire dans les rues de Paris ; elles
étaient désertes ; nous ne rencontrions que des patrouilles
de gardes nationaux, lesquels, en nous reconnaissant, nous
obsédaient par leurs cris répétés de : « Vive la République !
vive la mobile ! » Nous répondions : « Vive la France ! » Ces
hommes, ne comprenant pas les refrains de nos mobiles,
concluaient que nous étions des Bretons.

Sur la petite place du Cirque, on serra en masse par
peloton ; on fit entrer les hommes, par compagnie, sur un
rang, pour les faire s'asseoir sur les bancs garnis de ve-
lours, le fusil entre les jambes, comme s'ils allaient assis-

ter à une représentation. Cette position devenant vite fatigante, occasionna l'indisposition de quelques-uns, qui descendirent dans les écuries de l'hippodrome pour partager la litière des chevaux, encore fraîchement pansés.

Les officiers, avec leur chef de bataillon, se retirèrent dans une maison bourgeoise, rue de l'Entrepôt, nº 34, et convinrent d'y vivre en cercle, pendant les jours du cantonnement dans ce quartier.

VII

Dès le matin, le bataillon se rassembla, et après le rapport du commandant, les capitaines ayant reçu les billets de logement, firent la répartition des hommes dans les maisons : les plus importantes étant fermées, le cantonnement dut s'étendre, ce qui occasionna une grande perte de temps pour la réunion des compagnies. Les officiers passèrent cette première journée à reconnaître les logements et à faire exécuter les ordres de détail.

Nous devons dire, ici, que les mobiles furent bien accueillis partout ; plusieurs même furent traités comme les membres de la famille.

Le 14 septembre, notre commandant nous dicta le service journalier qui se résumait, à peu près, comme il suit : « Appel à 11 heures ; — le bataillon réuni sur la place » du Prince-Eugène ; — exercice aussitôt après l'appel ; — » école de peloton et de tirailleurs ; — on ira sur les bou- » levards Philippe-Auguste et devant le Père-Lachaise ; » — les capitaines des compagnies surveilleront la conduite » des hommes, et se renseigneront sur leurs bonnes » relations avec les habitants. » Chaque peloton occupait une étendue de deux kilomètres au moins, et faisait, en plus, 3 et 4 kilomètres pour se rendre au lieu des réunions.

Cette perte de temps rendit difficile l'avancement de nos mobiles dans le service militaire, car nous nous aperçûmes bientôt que nos hommes se relâchaient en discipline. Il nous fallait pourtant accepter cette position pour quelques jours encore : toutes les casernes étaient encombrées, et nous savions que le gouvernement hâtait, autant que possible, la construction des baraques, sur les boulevards, pour cantonner la mobile.

VIII

Le 15 et le 16, nous changeâmes notre équipement et notre armement, qui étaient hors d'usage pour entrer en campagne. Au fort de Vincennes, on nous donna des chassepots; à la caserne du Château-d'Eau, des effets de campement et d'équipement.

Le 17 et le 18, la population de Paris était consternée, par la rentrée dans la ville de l'armée du général Vinoy : l'ennemi commençait à paraître aux environs; on se préparait au combat afin d'empêcher l'envahissement. C'était un spectacle navrant pour nos jeunes mobiles de voir cette armée bivouaquée dans les rues : elle se composait de tous les corps de troupes; ils avaient l'air fatigué et même démoralisé, par la retraite précipitée qu'ils venaient d'effectuer.

Dans ces moments de détresse, le gouvernement de Paris ordonna la nomination des officiers par le suffrage de la troupe, et celle des chefs de bataillon par le suffrage des officiers.

C'était un malheureux moyen pour améliorer le sort des mobiles de province ; il suscita la perturbation dans nos bataillons à peine organisés, car il suffisait qu'un officier témoignât de l'énergie et de la volonté, pour qu'un mauvais esprit de discipline fît échouer quelquefois l'élection des meilleurs sujets.

IX

A la suite de ces élections, on nous fit commencer le service intérieur et le service des places. Le bataillon était de garde tous les quatre jours dans les postes : sur la place Puébla, rue Vitruve, à Ménilmontant, aux portes Bagnolet et de Montreuil, dans l'avenue Saint-Mandé, à l'Hôtel-de-Ville et à la Préfecture de police.

Ces postes étaient dans un état déplorable de malpropreté. A Puébla, nous étions dans les caves de la mairie, encore en construction, où les autorités craignaient de voir s'établir un repaire des révolutionnaires de Belleville. Ce quartier était couvert de gardes nationaux, faisant l'exercice à outrance, dans les premiers temps du siége, et criant sans cesse : « Vive la République ! La victoire ou la mort ! Il faut nous venger... Vive la mobile ! »

Nous répondions froidement à cet enthousiasme exagéré ; alors quelques-uns nous montraient des figures rébarbatives, nous traitant d'officiers de l'empire ; ils allaient même jusqu'à nous qualifier de Prussiens ; mais voyant notre air déterminé à répondre énergiquement à leurs insultes, ils se calmaient aussitôt, pour reprendre leur chant favori : « Mourir pour la patrie ! c'est le sort, etc. »

Les autres postes, désignés ci-dessus, étaient à peu près

les mêmes qu'à Puébla. La plupart d'entre eux n'avaient pas d'abri ; il fallait bivouaquer en plein air, par des nuits déjà longues et froides.

Pendant le jour, on s'occupait des théories sur le service en campagne et sur le montage et le démontage des chassepots. On expliquait, en outre, le pointage et les principes du tir, ainsi que le dressage des tentes.

La consigne des postes, dans tous les quartiers annexés de Paris, avait pour but de maintenir l'ordre et de nous porter, en cas d'attaque, à la défense des remparts ou des portes ; mais comme cette ligne intermédiaire, dans chaque secteur, était généralement occupée par les gardes nationaux, ceux-ci nous mettaient en alerte, à tout moment, pendant la nuit. Se croyant attaqués, ils se livraient à des fusillades sans fin, et pour aucune raison : au moindre point noir, ils voyaient une armée prussienne.

X

Pendant les journées du 18 au 22, le canon se fit entendre autour de Paris : les Prussiens arrivaient à Versailles. Ils fermèrent leurs lignes d'investissement en s'emparant des hauteurs de Saint-Cloud, Meudon, Bagneux, la maison Millaud, les Hautes-Bruyères et Villejuif ; mais ils ne tinrent pas longtemps sur ces trois derniers points, trop rapprochés des forts Montrouge et Bicêtre.

Pour arrêter la marche de l'ennemi, il n'y avait que l'armée désignée plus haut, encore sous la triste influence de la retraite de Mézières et de Saint-Quentin, et quelques bataillons de mobiles, entièrement inexpérimentés sur l'art de la guerre, en outre quelques corps de troupes, ordinairement réputés pour leur bravouve, et qui, cette fois, donnèrent à nos jeunes soldats un exemple regrettable d'indiscipline, en abandonnant le champ de bataille, aux premiers coups de feu ; ils rentrèrent dans Paris, par les portes du Point-du-Jour et de Vaugirard, criant : « A la trahison ! Sauve qui peut !... »

Ces misérables furent promenés dans les rues, avec un écriteau sur lequel était gravé le mot : « *Lâche!* »

Ces premiers échecs n'inspirèrent pas beaucoup de confiance à nos bataillons encore pleins d'illusions sur la force de nos armes.

Le 22, nous quittâmes l'exercice pour courir à un feu qui avait jeté l'épouvante dans les arrondissements voisins. Arrivés sur les lieux du sinistre, nous reconnûmes qu'il n'y avait rien d'alarmant à redouter : le foyer de l'incendie se trouvait dans une citerne remplie d'huile de pétrole, et située au milieu d'un massif du parc des Buttes-Chaumont, sur un terrain en forme d'entonnoir, d'une profondeur de 20 à 25 mètres. Afin d'arrêter les progrès du feu, et d'empêcher qu'il ne se communiquât à d'autres dépôts, on travailla, tout le jour, à jeter de la terre et de l'eau dans cette citerne, et vers le soir tout était terminé et le quartier rassuré.

XI

Jusqu'au 1er octobre, notre service journalier resta le même, les événements du siège étant sans importance ; cependant, le bruit du canon retentissait sur nos forts, quand nos marins voyaient l'ennemi établir ses batteries.

Dans l'intérieur de Paris, sur les places et les boule-

vards, tous se livraient entièrement aux exercices militaires, et il se passait souvent des scènes assez grotesques
parmi les gardes civiques qui croyaient reconnaître un
uhlan déguisé, dans un individu qui leur paraissait étran-
ger, surtout lorsque la réponse de ce dernier témoignait
le moindre accent germanique. Le soir, les lumières aux
fenêtres d'une mansarde ou d'un bâtiment élevé, étaient
pour les Parisiens des signes de correspondance avec les
lignes prussiennes.

Enfin, tout, pour ce pauvre peuple épouvanté, devenait un fantôme de trahison.

Le 2, nous laissâmes le logement chez l'habitant, pour
prendre notre cantonnement dans les baraques situées
sur le boulevard Mazas, entre la caserne Reuilly et la
prison. Le bataillon reçut les vivres de campagne, et on
commença à faire connaître aux mobiles la manière de
s'organiser au camp, par escouade et par section. Ce fut
alors qu'on put surveiller facilement tous les détails de la
situation du soldat, particulièrement l'hygiène et le bon
état de l'armement et de l'équipement.

Le 5, nous passions de ces baraques dans celles de
l'avenue de Reuilly. Ce mouvement ne fut pour nous qu'un
surcroît d'embarras ; il ne changea rien aux ordres du
service. Déjà les hommes se plaignaient du froid sur les
lits de camp, et le cheval remplaçait le bœuf dans la
marmite.

Ce quartier de la place Reuilly était assez tranquille ;
pourtant, on voyait s'élever des barricades et même des
redoutes, à l'entrée de chaque rue : c'était, probablement,
pour employer les malheureux ouvriers et calmer leurs
craintes, en leur laissant croire que l'ennemi allait s'en-
terrer dans ces obstacles.

XII

Le 15, le 2e bataillon reçut l'ordre de partir pour les postes avancés, sur la route d'Orléans, devant Bourg-la-Reine et Bagneux, occupés par les Allemands.

A dater de ce jour, notre rôle de défenseurs prit une gravité qui se peignit bien vite dans nos rangs : l'enthoü-siasme se faisait remarquer chez la plus grande partie de nos soldats, et tous se montrèrent pleins de bonne volonté pour marcher en avant. Chacun s'occupa des préparatifs du départ, et fit ses provisions de biscuits et de munitions.

Le 16, on nous dirigea sur Montrouge afin de tenir les lignes entre Cachan et la route de Châtillon. Le bataillon se mit en marche, par le flanc, la droite en tête, en chantant des refrains militaires et des légendes bretonnes. Après avoir parcouru une distance de huit kilomètres environ, à travers les rues de Paris, nous entrâmes dans la petite ville de Montrouge. On désigna le cantonnement aux compagnies, et le bataillon alla prendre la garde, en se portant encore deux kilomètres en avant, à 400 mètres des lignes ennemies. En arrivant aux abords des postes, chaque peloton prenait silencieusement les chemins couverts, et gagnait ainsi les uns un bâtiment démoli, les autres un talus de route ou de chemin de fer, enfin tout obstacle qui pouvait les abriter des balles.

Essayer de tracer un tableau fidèle de l'esprit moral de nos soldats bretons, en ces moments de crainte, serait chose difficile; mais nous devons dire qu'ils restaient fermes et résolus. Ils regardaient leurs officiers, et si la confiance se lisait sur les visages de ces derniers, elle était partout.

XIII

Arrêtés sur la défense, et les compagnies déployées par sections, nous reconnûmes la ligne de bataille, composée des obstacles désignés ci-dessus. L'étendue de cette ligne était de 800 mètres environ ; au centre était la maison Millaud où se trouvait une barricade en forme de tête de pont, pour garder la jonction des routes d'Orléans et de Bagneux ; à l'est de cette maison, sur un point culminant, on construisait un ouvrage bastionné pour battre la vallée de la Bièvre, l'Hay et Bourg-la-Reine. Du même côté , notre ligne se continuait le long de la haie du chemin de fer de Sceaux, jusqu'à un passage à niveau d'une petite route allant de Cachan à Bagneux et à Fontenay-aux-Roses.

A l'Ouest, nous avions pour nous préserver des feux de l'ennemi, le fossé de l'avenue d'Orléans, un mur crénelé de la tannerie , dite la grange Ory , ensuite des démolitions de maisons et des débris de carrières, jusqu'au sentier aboutissant du parc de Montrouge au parc de Bagneux.

La moitié de la troupe fut placée en sentinelle, à des distances de cinq à dix pas, selon l'importance des points occupés ; les autres se groupèrent dans la boue, avec leur toile et leur couverture de campement sur les épaules, pour se garantir des pluies qui devenaient froides et continuelles. Les officiers ne purent mieux s'abriter que les soldats ; quelques-uns dressèrent leur sac-abri, d'autres se réfugièrent dans quelques ruines ; notre commandant se fixa, avec une compagnie de réserve, dans une petite maison, percée par les balles et les obus.

La journée de cette première garde se passa en reconnaissances et en prescriptions de consigne nécessaires pour bien se tenir sur la défensive.

Nos soldats avaient le fusil chargé et dix paquets de cartouches dans la giberne. Ordre avait été donné de faire feu sur tout individu qui se trouverait entre notre ligne et celle des Prussiens. On remarqua que ceux-ci se cachaient derrière les murs crénelés des parcs et des jardins environnant leurs quartiers de réserve ; ils se reliaient par des lignes de sentinelles perdues dans un trou ou derrière un buisson. Ces sentinelles se rendaient à leur poste en rampant, et y restaient fixes et immobiles une grande partie de la journée ; de cette façon, l'ennemi devait se fatiguer beaucoup moins que nous.

Dans cette situation, nous dûmes donc nous tenir en éveil, particulièrement pendant la nuit, et nous ne tardâmes pas à reconnaître que nos ennemis étaient prévenus sur les nouvelles troupes de garde qu'ils avaient à combattre, car suivant leurs habitudes, ils nous taquinèrent, nous harcelèrent sans cesse par des détonations, à travers leurs créneaux. Nos mobiles avaient été tous mis en faction, avec ordre de demeurer calmes ; mais sous l'influence de l'instinct de conservation, et ne pouvant distinguer leurs chefs dans l'obscurité, ils ripostèrent. L'alerte se répandit aussitôt sur toute la ligne, et quand les officiers voulurent intervenir, quelques tirailleurs, les plus naïfs, répondirent qu'ils essayaient leurs chassepots ; ils n'avaient jamais tenu un fusil.

Le lendemain matin, le bataillon de Morlaix vint nous relever de garde, et nous retournâmes à **Montrouge.**

XIV

Rentrées au quartier de la division, les compagnies reçurent chacune le logement qui lui était assigné, et que nous laissaient les mobiles de Saône-et-Loire. Ces logements, tous abandonnés, étaient les uns des maisons de plaisance, les autres des pensionnats, des couvents, etc. ; les habitants de cette petite ville s'étaient retirés dans l'intérieur de Paris, avec tout ce qu'ils possédaient.

On classa les hommes par escouade et par chambrée, et les officiers firent procéder au nettoyage des armes, des effets et du logement. On organisa ensuite des détachements qui devaient être mis à la disposition du génie. Ils se rendirent sur les lignes avancées ; le train d'artillerie leur distribua des brouettes, des pelles et des pioches, pour travailler au terrassement des tranchées et des fortifications : les officiers surveillaient les ateliers.

A notre retour, nous comptions sur quelques heures de repos, mais en vain, car toutes les nuits la générale sonnait, des fusillades se faisaient entendre, et des ordres supérieurs nous arrivaient par estafette : « Tout le monde debout! Les Prussiens attaquent! Aux armes, en avant !... »

Et le bataillon réuni, marchait dans l'ombre au-devant de l'ennemi, qu'il ne rencontrait pas. Il rentrait vers trois ou quatre heures du matin et, fatigué, il s'endormait au bruit du canon tiré par nos marins des forts de Montrouge et de Vanvres.

XV

Le 19 octobre, le bataillon alla monter sa deuxième garde aux postes avancés de la maison Millaud ; il n'avait changé que l'ordre des compagnies, c'est-à-dire que la gauche était en tête : les consignes furent les mêmes, et nos mobiles commençant à s'aguerrir, la confiance s'établissait parmi nous.

Entre deux et trois heures de l'après-midi, des ordonnances et des éclaireurs nous prévinrent que l'ennemi préparait des projets d'attaque, et qu'il fallait redoubler de surveillance.

Après ces avertissements, et vers la tombée du jour, nous plaçâmes, comme dans la nuit du 16, tous nos hommes en faction, en leur faisant à peu près les recommandations suivantes : « Qu'ils seraient probablement attaqués ; l'ennemi pourrait choisir tel ou tel point, en venant par tel ou tel chemin ; faire silence ; bien écouter d'où partiraient les balles, et voir dans l'ombre par l'éclair que produirait la poudre ; viser alors sur ces points éclairés et faire feu ; conserver le calme, surtout derrière les parapets ou les murs crénelés. Ceux qui se trouveraient à découvert, devraient rester groupés par quatre, et se retirer, après les feux, à droite ou à gauche, pour ne pas servir de points de mire à l'ennemi ; brûler au moins dix cartouches avant de se replier sur les réserves. »

Ces précautions prises, la tranquillité régnait partout, quand, vers dix heures et quart, des coups de feu retentirent à l'aile gauche du bataillon, du côté de Cachan, au centre, et enfin à l'aile droite. Nous étions attaqués sur toute la ligne, et il semblait que le but de l'ennemi fût de s'emparer de la tête de pont et des ouvrages bastionnés de la maison Millaud. Les feux se croisaient sur ce point, les balles sifflaient au-dessus de nos têtes. La riposte fut vive; notre commandant se tenait au point le plus menacé, et les officiers recommandaient sans cesse aux hommes de bien viser et de demeurer fermes. L'ennemi avait jugé que nous étions sur nos gardes, il rentra dans ses quartiers; mais vers deux heures du matin, il essayait de nouvelles tentatives pour nous surprendre.

Nos dispositions de défense furent à peu près les mêmes que ci-dessus. Après ces deux attaques, nous avions conservé nos positions, au prix de trois ou quatre hommes tués et cinq ou six blessés.

Pour se faire une idée de l'effet effrayant de ces combats dans l'ombre, il faut entendre la rapidité du tir de nos armes actuelles, laquelle produit un roulement semblable à une ligne de bataille exécutant les feux de deux rangs, sur une même étendue qu'une ligne déployée en tirailleurs. A ce roulement qui dura une demi-heure, les obus des forts de Bicêtre, de Montrouge et des Hautes-Bruyères se mêlaient au sifflement des balles, et se croisaient au-dessus de nous, pour éclater dans le camp ennemi : ce triste tableau se compléta par des incendies dans Sceaux, Clamart et Ville-d'Avray.

Il faut ajouter à ces scènes nocturnes et dramatiques les plaintes des mourants et des blessés, les appels : « Par ici, par là, attention, ne tirez pas sur vos camarades ! » C'en était bien assez pour mettre la mort dans l'âme de la plupart ne nos jeunes mobiles, assistant pour la première fois à de pareils combats.

XVI

Après ces affaires qui avaient mis toute la division sous les armes, les gardes furent changées. Notre bataillon revint à son cantonnement pour compléter ses munitions et reprendre le service ordinaire.

Alors chacun se raconta les aventures de la nuit ; beaucoup voulaient être, déjà, des héros, et pas un n'avouait qu'il avait eu peur.

Notre situation, à Montrouge, resta à peu près la même jusqu'au 30 octobre. Nous étions de garde un jour sur trois, et employés les autres jours aux travaux des tranchées de la maison Millaud, point de convoitise des Allemands.

Depuis notre formation, l'état sanitaire du bataillon avait été satisfaisant ; mais les fatigues successives de tout genre qu'il venait d'éprouver, mirent un cinquième au moins de nos mobiles en position d'absence ; car à toutes les misères que nécessite une guerre, étaient venues se joindre la mauvaise saison, une nourriture malsaine et la variole qui sévissait en ce moment dans Paris et sur toute l'armée.

Le 30, le bouleversement général qui se fit sur les places et dans les rues de la grande ville retentit jusqu'à nous : Metz avait capitulé, le gouvernement de la défense était renversé ; mais il se rétablit presqu'aussitôt avec l'aide des mobiles de Châteaulin qui étaient casernés à l'Hôtel-de-Ville. On fit voter les bataillons pour la conservation de ce gouvernement, et notre vote fut unanime.

A dater de ce rétablissement, il semblait qu'une suspension d'armes tacite régnât entre les deux armées.

Le temps fut beau pendant quelques jours : nos soldats en profitèrent pour aller sur les zones de l'ennemi ramasser, les uns des pommes de terre, les autres des raisins et des fraises de Bagneux. S'ils étaient trop imprudents, les Bavarois leur faisaient poliment signe de se retirer. Nous croyions à un armistice et nous comptions sur la paix.

XVII

Le 5 novembre, en reconnaissant qu'il était impossible aux bataillons du Finistère de continuer plus longtemps les grand'gardes, l'autorité militaire supérieure décida notre rentrée dans Paris, afin de prendre quelque repos et de réparer nos forces pour la grande sortie qui s'annonçait. Nous fûmes remplacés aux postes de la maison Millaud, le 6, par les mobiles de Seine-et-Oise qui débutaient dans le service des gardes avancées.

Les officiers et la troupe quittèrent satisfaits cette position insoutenable. Nous eussions bien voulu quelques faits d'armes glorieux marqués sur notre drapeau ; mais nous n'avions que la certitude d'une mission bien remplie. Et malgré l'air morne et inquiet des Parisiens circulant dans les rues, nous marchions fiers de notre état de misère, au pas mal cadencé de nos élèves clairons, anciens joueurs de binious.

En arrivant à la caserne du Prince-Eugène, où nous devions séjourner, nous crûmes entrer dans une prison : les portes se fermèrent derrière nous, et sous le porche étaient concierge, garde de police, factionnaire, etc., ayant consigne de ne laisser sortir personne, sans être en tenue rigoureusement réglementaire.

4

On nous donna les chambres vacantes, et nous fûmes heureux d'y voir des lits militaires.

J'oubliais de dire que c'était un dimanche. Cependant, nous reconnaissions ce jour, par la messe basse que célébrait, à notre intention, M. l'abbé du Marc'hallac'h, notre aumônier ; mais le 6, il nous avait été impossible d'y assister.

Le lendemain, le service intérieur fut repris. On s'occupa de la tenue, du remplacement des effets perdus ou hors d'usage; les exercices de l'école de peloton et de tirailleurs recommencèrent.

Les places et les boulevards étaient toujours encombrés de gardes nationaux demandant des canons, et réclamant des sorties, bien que le plus grand nombre invoquassent les dieux pour ne pas dépasser la ligne des remparts.

Pourtant, sur les instances des plus zélés, le gouvernement ordonna la formation des bataillons de marche, composés de célibataires ; mais ces Messieurs se déclaraient en ménage. Il fallut donc un temps considérable pour le dépouillement des pièces justificatives, constatant l'hymen légal de chacun, ce qui ajourna la sortie.

Parmi ces bataillons, il y avait des hommes véritablement patriotiques, beaucoup d'autres aussi étaient des buveurs d'absinthe, préférant le cabaret au service des tranchées.

Pendant le temps que nous passâmes au Prince-Eugène, une lueur d'espoir s'était répandue dans Paris, par la nouvelle de la reprise d'Orléans. Les canons se multipliaient, la grande sortie semblait décidée, et nous espérions encore pouvoir briser le cercle d'acier qui nous entourait.

Toujours confiants dans l'avenir, les Parisiens voulurent reprendre quelques-unes de leurs distractions ordinaires. A cet effet, la société théâtrale organisa des concerts

à l'Opéra. Plusieurs de nos officiers assistèrent à ces réunions musicales ; ils en sortaient toujours enthousiasmés
de ces chants de victoire, rendus au plus haut degré de
l'art.

XVIII

Le 10 novembre, notre chef de bataillon, M. Noyer, fut
nommé lieutenant-colonel de la mobile. Les officiers
furent invités à procéder au remplacement de cet officier
supérieur, par un vote qui fut unanime à l'égard de M. Latour, ancien capitaine en retraite de l'infanterie de ligne.

Notre position, au Prince-Eugène, resta la même jusqu'au 17, quand nous reçûmes l'ordre de reprendre campagne du côté d'Ivry et Vitry-sur-Seine. Ces changements
de camp, de cantonnement ou de quartier devenaient
une habitude pour nos jeunes soldats. Cette fois, nous
nous persuadions que la grande sortie aurait lieu ; mais
elle fut encore ajournée.

Le 18, nous quittâmes donc la caserne, pour aller en
reconnaissance sur les routes de Choisy et Thiais. On nous
arrêta dans le parc de la mairie de Vitry, pour attendre de
nouveaux ordres. Nous formâmes les faisceaux et nous
prîmes notre repas. Nous n'étions plus qu'à cinq ou six
cents mètres de l'ennemi : quelques balles sifflaient au-
dessus de nos têtes.

Vers le soir, on ordonna au bataillon de revenir au
Kremelin et à Gentilly, près de l'hôpital de Bicêtre, où l'on
nous fit prendre le cantonnement des mobiles de l'Aube,
décimés par la variole. Nous y restâmes jusqu'au 22, four-
nissant des grand'gardes devant les Hautes-Bruyères, et
des travailleurs pour la construction des parallèles qui de-

vaient servir à l'attaque de l'Hay. Ces travaux s'exécutaient à trois ou quatre cents mètres des Prussiens, lesquels se tenaient toujours cachés derrière les murs crénelés, et si l'on négligeait de se défiler, les balles pleuvaient aussitôt, et causaient parfois des pertes sensibles parmi les travailleurs.

Le but de la prise de l'Hay était d'occuper les Allemands sur ce point, pendant qu'on forcerait les lignes ennemies à l'est, vers Champigny et Chennevières ; mais ayant deviné nos projets, ils avaient vite fait de ce village un point inexpugnable, d'autant plus facilement qu'il était enclavé dans leurs positions de Chevilly et de Bourg-la-Reine. Celles-ci permettaient de croiser les feux sur nos tranchées et les Hautes-Bruyères qu'on pouvait atteindre avec des fusils de remparts.

XIX

Pendant notre séjour au Kremelin, nous n'avions pour service que les gardes avancées, quelques alertes de nuit et des travailleurs.

Nos marins, sur les forts, redoublaient de surveillance, et inquiétaient l'ennemi dans ses mouvements, avec leurs pièces à gros calibre, qui portaient jusqu'à cinq et six kilomètres. Des détonations continuelles se faisaient entendre sur tous les points de la défense ; on voulait tromper les Allemands sur le projet de la grande attaque.

Tout ce bruit commençait, pourtant, à nous inquiéter sur l'avenir du siége. De plus, les vivres devenaient rares et se composaient de substances peu nourrissantes, l'hiver se montrait rigoureux, et les bruits contradictoires sur la position de nos armées de province nous laissaient supposer de nouveaux désastres.

A toutes ces agitations, se joignait le complet isolement dans lequel nous étions par rapport à nos familles, dont nous ne pouvions recevoir aucun mot de consolation.

Le 22, l'ordre fut donné de nous porter en avant, pour faire partie de la brigade du général Blanchard, division Maudhuy, campée au Moulin-Saquet et cantonnée à Ville-juif.

Ce point stratégique, situé entre les Hautes-Bruyères et le Moulin-Saquet, forme avec ces deux derniers une ligne de faite dominant la plaine, sur la route de Fontainebleau, les villages de Chevilly et de Rungis, les clochers de l'Hay et de Thiais, ainsi que la route transversale de Choisy-le-Roi à Versailles. Cette ligne de défense s'étend donc de l'Est à l'Ouest et se termine par des pentes descendant du Moulin-Saquet à Vitry-sur-Seine, et des Hautes-Bruyères à Cachan, dans la vallée de la Bièvre.

Comme nous l'avons déjà dit, les Allemands s'étaient emparés de Villejuif dans les premières journées du siége ; mais ils durent l'abandonner presque aussitôt, à cause du voisinage des forts d'Ivry, de Bicêtre et de Montrouge.

Pour donner une idée de la position topographique de cette place, nous remarquerons la rue principale, allant du Nord au Sud, qui est la route nationale d'Antibes et de Fontainebleau. Au milieu de cette rue, se trouve, à droite, la jonction du chemin de Chevilly passant près de l'église et de la mairie. Il y a encore les rues de traverse, dont l'une conduit à Arcueil par les Hautes-Bruyères, et l'autre à Vitry, par le Moulin-Saquet.

Les maisons à usage d'exploitation agricole sont généralement contiguës et forment façade sur les rues. Elles possèdent des jardins entourés de murs qu'on avait crénelés et reliés entre eux par des remparts et des barricades. Cette disposition établissait une enceinte composée de lignes brisées qui permettaient de diriger un tir croisé sur les routes et dans la plaine du côté de l'ennemi.

A droite de Villejuif était la tranchée, dite des Mitrailleuses, qui unissait cette place à la forteresse des Hautes-Bruyères ; à gauche existait une autre tranchée pour communiquer avec le Moulin-Saquet. Ces deux sentinelles faisaient bonne garde : elles avaient environ cent cinquante pièces de canons et de mitrailleuses, en y comprenant les barricades et les batteries des tranchées.

On pointait ces pièces le jour, pour tirer au visé la nuit, sur les camps des Prussiens.

A 650 mètres, à peu près, en avant de Villejuif, était la tranchée appelée tranchée Tripier, se dirigeant de l'Ouest à l'Est, et passant à 300 mètres devant l'Hay, à 7 et 800 mètres devant Chevilly, ensuite, près de la Faussaye sur la route de Fontainebleau, enfin au Moulin-d'Argent pour se joindre aux murs crénelés de Vitry.

Cette ligne, disposée normalement au tir de l'ennemi, ne pouvait être enfilée : c'était donc une avant-garde rassurante pour nos positions.

Tels étaient les postes que nous allions occuper ; en les reconnaissant, nous étions convaincus qu'il se passerait bientôt quelques combats sérieux de ce côté.

XX

Le 23 nous arrivâmes à Villejuif. On nous donna pour logement les maisons les plus endommagées et situées au Sud de la ville ; les autres étaient déjà occupées par le 10e et le 12e provisoires d'infanterie de ligne, le bataillon de Quimper et celui de Morlaix, enfin, l'artillerie et le train ;

ce qui faisait à peu près 8,000 hommes de troupes dans cette localité.

La moitié de notre bataillon fut désignée pour monter la garde dans les tranchées des mitrailleuses et devant les Hautes-Bruyères ; l'autre s'installa dans les chambres les moins exposées à l'injure du temps, la plus grande partie des toitures étant effondrées. Les officiers purent se réunir, en cercle, dans une petite propriété assez bien conservée, et y organiser leur ordinaire.

Ces réunions, pendant les heures de repos, ranimaient nos esprits et occasionnaient des discussions utiles sur le service et sur l'art de la guerre ; elles nous aidaient aussi, par nos espérances mutuelles, à supporter plus patiemment les misères de notre position.

Jusqu'au 27, le service fut, en particulier, pour l'achèvement des travaux de terrassement dans les parallèles, devant l'Hay, et l'établissement de quelques ouvrages fortifiés, à l'effet de placer des batteries de campagne qui protégeraient les colonnes d'attaque.

Dans les postes avancés, les consignes étaient les mêmes que sur toutes les lignes de défense, c'est-à-dire : — Ecouter et voir les mouvements de l'ennemi ; — riposter, s'il se mettait à découvert ; — ne pas tenir compte des feux partant des créneaux, etc.

Le 28, à 7 heures du soir, un officier d'ordonnance nous apprit que notre bataillon était désigné pour faire partie de la brigade du général Valentin, et que la réunion des troupes aurait lieu, devant les Hautes-Bruyères, à six heures du matin, pour l'attaque de l'Hay. Cette nouvelle se répandit aussitôt dans les logements des compagnies, et nos mobiles, habitués à vivre d'espérance, s'écrièrent : « Enfin ! » Et ils se préparèrent au combat, résolus à renverser tout obstacle qui les séparait de leurs familles et des compatriotes de l'armée de Bretagne.

XXI

La nuit du 28 au 29 se passa en combat d'artillerie autour de nous ; les batteries de Villejuif lançaient des obus
et des boulets sur les cantonnements ennemis. Vers quatre
heures du matin, le feu s'étant ralenti, on nous éveilla
sans bruit, pour disposer la troupe et distribuer un com-
plément de munitions. Notre commandant rassembla les
officiers, leur adressa une petite allocution sur la conduite
à tenir pendant le combat, et nous retournâmes communiquer les ordres de détail à nos pelotons, puis le bataillon se mit en marche, la droite en tête.

En quittant la route de Fontainebleau , nous prîmes
celle d'Arcueil. La nuit était encore sombre, nous marchions à tâtons et en silence. Arrivés aux Bruyères, nous
nous dirigeâmes au sud, pour entrer dans le premier
boyau des tranchées. Là, il nous fallut attendre que le
mouvement des régiments de ligne s'effectuât. Le jour
commençant à poindre, nous entendîmes le signal de
l'attaque. Aussitôt, les Prussiens lancèrent une grêle de
balles sur nos colonnes. Les premières qui avaient été
désignées se portèrent au pas de course vers les lignes
ennemies ; mais bientôt elles furent enveloppées par des
forces considérables et, déjà décimées, elles ne tinrent pas
longtemps.

Alors, notre chef de bataillon avertit les capitaines
qu'il allait faire déployer en tirailleurs les quatre compagnies de droite , et que les autres resteraient en réserve
attendre ses ordres. Il fit franchir les parapets, et nous
prîmes le pas de course pour voler au secours des colonnes
engagées ; mais le feu de l'ennemi devenait si intense que

nos jeunes gens épouvantés en voyant tomber à leurs
côtés leurs camarades, les uns tués, les autres blessés, ne
purent atteindre le point objectif de cette attaque où se
trouvaient des rangées de fusils Dreyse, nous crachant la
mort. Le tir rapide de ces armes partait des toits et des
fenêtres, des murs crénelés et des tranchées ; autant d'obs-.
tacles superposés qui ne pouvaient être enlevés que par
surprise. Les Prussiens avaient, en outre, des feux venant
de Chevilly et de Bourg-la-Reine et se croisant sur nos
bataillons. C'est dans ce moment que nous vîmes tomber
trois de nos braves officiers dont un mortellement blessé,
les autres tués, ainsi que notre adjudant et le courageux
sergent Duplessis.

Pendant cette affaire, qui dura à peine trois-quarts
d'heure, nous avions 1,500 hommes hors de combat, sur
6,000 qui formaient les colonnes d'attaque. On sonna la
retraite, et le feu cessa aussitôt. Une suspension d'armes
de quelques heures fut convenue, afin de relever les
morts et les blessés. Les frères brancardiers, les Pères Domi-
nicains d'Arcueil et les ambulances firent leur devoir ; puis,
les bataillons consternés rentrèrent dans leurs quartiers.

Pour achever notre désespoir, nous apprîmes bientôt
que la diversion malheureuse que nous venions d'entreprendre était sans effet, les 80,000 hommes de la grande
sortie n'ayant pu passer la Marne à Joinville, à Nogent ni
à Brie. Une crue occasionnée par des travaux prussiens
avait enlevé les ponts de bateaux.

XXII

Quand le temps de la suspension d'armes désignée ci-
dessus fut écoulé, les Allemands voulurent nous inquié-

ter de nouveau ; ils nous avaient laissé nos positions, mais nos gardes avancées ne pouvaient se maintenir à leur poste sans être doublées.

Ce même jour il fallut se tenir constamment sous les armes et y rester jusqu'à la nuit, afin d'être prêts à riposter aux tentatives de l'ennemi.

Les 80,000 hommes de l'armée du général Ducrot, arrêtés dans leur marche, campaient au bois de Vincennes. Les ponts ayant été rétablis, le 30, dès le matin, ils passèrent la Marne et attaquèrent les lignes prussiennes, depuis Vitry-sur-Seine jusqu'à Bondy, sous la protection des forts de l'Est, des redoutes et des batteries établies à Maisons-Alfort, à Nogent et à Rosny : les points objectifs de cette sortie étaient Champigny, Villers, Cœuilly, Chennevières et Mont-Mesly, où se trouvaient les forces de l'ennemi.

Aussitôt le début de l'attaque, notre bataillon fut mis en réserve au Moulin-Saquet, d'où se voyaient distinctement les mouvements des armées combattantes. Quelques coups de feu prussiens vinrent nous avertir qu'il nous fallait garder nos positions ; partout le canon tonnait comme la foudre, le bruit strident des mitrailleuses se faisait entendre et la fusillade était indescriptible.... De temps en temps, des estafettes nous communiquaient des ordres et nous donnaient des nouvelles sur la marche de nos troupes.

Les colonnes de droite faisaient bonne contenance, mais ne pouvaient s'emparer de Mont-Mesly ; le centre s'approchait de Champigny, et la gauche gagnait du terrain vers le plateau d'Avron et Villemomble : l'enthousiasme renaissait parmi nous, et malgré nos fatigues, malgré le froid excessif qui sévissait dans ce moment, nous nous réjouissions de nos succès, en pensant que cette fois, peut-être, nous allions sortir vainqueurs.

XXIII

A la fureur des combats de la journée, succéda une nuit assez calme : la lune et les étoiles brillaient de tout leur éclat; notre bataillon resta, jusqu'à onze heures du soir, à son poste d'observation, sous une température on ne peut plus rigoureuse.

L'armée du général Ducrot bivouaquait sur les positions conquises, et on rétablissait l'ordre dans les régiments : les brancardiers, les ambulants relevaient les morts et les blessés des deux armées; quelques-uns étaient gelés, d'autres mouraient faute de soins.

Les pertes avaient été sensibles des deux côtés; mais celles des Prussiens étaient plus considérables; car, lorsque ces derniers se voient débusqués de leur terrier ou qu'ils ne peuvent plus dissimuler leur nombre dans les caves, les bois, où derrière les murs crénelés, ils ripostent mal et se laissent prendre facilement. Enfin, ils paraissaient déconcertés du déploiement de nos forces.

C'est en ce moment qu'il eût fallu une deuxième armée prête à les poursuivre; alors, notre sortie de Paris était assurée; mais, hélas! nos soldats étaient tous prisonniers en Allemagne.

D'après les désordres occasionnés par l'emportement de nos troupes, à travers mille obstacles, il était impossible de continuer la marche de nos succès. Le 1er décembre on se contenta de réparer ses forces et de contenir l'ennemi sur toute la ligne d'investissement, par des simulacres d'attaque, au Sud et à l'Ouest de Paris.

Le 2 décembre, dès l'aurore, la marche en avant de

notre armée reprit avec encore plus d'impétuosité que le
30 novembre : la voûte du ciel semblait s'écrouler sous le
vacarme de la fusillade et des mitrailleuses, le tonnerre
des canons et l'explosion des obus, éclatant sur le sol
rendurci par la gelée ; la fumée de la poudre se confondait
avec les nuages et nous cachait les mouvements de nos
troupes. Mais des officiers d'ordonnance sillonnaient l'espace, pour donner les renseignements sur les faits militaires de notre armée, et les positions que nous devions
occuper.

Dans le cours de la journée, des bataillons avaient fran-
chi les hauteurs de Cœuilly, gagnant toujours du terrain,
et l'ennemi semblait en déroute sur toute la ligne.

Cette bataille glorieuse nous rendit l'espoir et le cou-
rage, qui s'accrurent encore à la nouvelle répandue que
nos libérateurs de province étaient à Fontainebleau et à
Corbeil ; des colonnes d'avant-garde s'étaient déjà fait
entendre dans la forêt de Sénart ; enfin que la trouée était
faite. Nous allions donc revoir nos contrées et nos familles !

De semblables illusions étaient bien faites pour trou-
bler nos esprits ; mais elles ne furent pas de longue durée.
Bientôt, nous apprîmes que le général Ducrot était rentré,
la nuit, avec son armée, sous le fort de Vincennes.

Il avait été obligé d'abandonner les postes conquis, par
suite des forces considérables de nos ennemis réunis pour
surprendre nos troupes et les culbuter dans la Marne et
la Seine.

XXIV

Voyant qu'un si grand dévouement de la part des
milliers de braves qui venaient de périr ne nous donnait
qu'un si triste résultat, nous retombâmes dans le décou-

ragement, car cette fois nous prévoyions qu'il n'y avait plus de victoire possible pour nous, et nous ne nous dissimulions pas le sort fatal qui nous était réservé. Vainement nous avions attendu le secours de nos armées de province qu'on disait à Fontainebleau ; elles étaient battues à Orléans et mises en déroute sur la Loire.

Tout manquait dans Paris, assiégé depuis quatre mois : la population était rationnée à 200 grammes de pain par personne, et 50 de viande de cheval. Ce pain se composait de toutes sortes de grenailles, lesquelles, grossièrement moulues, ressemblaient à du son mélangé de paille hachée. On mangeait, avec ce pain, un brouet composé de carmin et de gélatine extraite des os ramassés dans les abattoirs. Le cheval, le chien, le rat des égoûts et la souris étaient les seuls animaux de boucherie. Un corbeau, qu'on qualifiait du titre de pigeon, se vendait 25 francs ; enfin, toute chose alimentaire ne se cédait qu'à des prix que les trois-quarts des habitants ne pouvaient proposer. Ajoutons à toutes ces misères, un hiver comme on n'en avait vu depuis quarante ans, et le bois et le charbon faisant entièrement défaut.

Avec de telles conditions, les assiégés ne pouvaient tenir longtemps ; cependant, leur patriotisme les aveuglait encore sur le dénouement calculé par notre ennemi ; celui-ci connaissait tous les détails de notre situation, et ses moyens, pour nous prendre, n'étaient pas de venir se briser sur les mille obstacles préparés pour le recevoir, mais de nous réduire par la famine, en même temps qu'il nous écraserait avec ses Krupp qui porteraient l'effroi et la mort à 8 et 9 kilomètres, au milieu de deux millions de femmes, d'enfants et de soldats réunis.

XXV

Du 3 au 25 décembre, il ne se passa aucun fait d'armes qui mérite d'être cité. Notre malheureuse existence était à son apogée, et l'ennemi, fier de ses succès, devenait arrogant, et ne se lassait de nous persécuter, surtout depuis notre tentative de grande sortie.

Notre service nous était donc de plus en plus pénible. Les tours de garde arrivaient un jour sur trois dans la tranchée Tripier et devant l'Hay : ce dernier poste avancé était très-redouté de nos mobiles qui conservaient le triste souvenir de l'affaire du 29 novembre. Ils craignaient toujours de nouvelles surprises, et parfois, il fallait user de rigueur pour les obliger à faire leur devoir.

Ce germe d'indiscipline provenait sans doute du mélange de la garnison à Villejuif, des misères et des maladies qui décimaient nos hommes.

Le 25 décembre, jour de la Noël, notre bataillon fut de garde. Les Prussiens se plurent à nous tirailler sans cesse ; et si l'un de nous sortait imprudemment de la tranchée, aussitôt les balles bourdonnaient autour de lui : notre commandant de ronde, quelquefois obligé de se montrer, fut l'objet d'une fusillade prussienne.

Cette nuit-là, les Allemands excitèrent plus que jamais notre dépit, en nous faisant entendre, jusqu'à une heure du matin, leur musique militaire et leur chant germanique : « *La Toria, la Toria*, etc. »

Nous en conclûmes qu'ils se réjouissaient de quelque nouvelle victoire, ou qu'ils fêtaient la décision arrêtée du bombardement de Paris.

XXVI

En rendant compte du service de la journée du 28 à notre commandant, nous le trouvâmes gravement malade, étendu sur le plancher de sa chambre, lequel lui servait de lit; il fut obligé de se faire conduire, le lendemain, à l'ambulance d'Arcueil.

On le remplaça dans le commandement du bataillon par le plus ancien des capitaines. La position d'absence augmentait sans cesse : les hôpitaux se remplissaient chaque jour de nouveaux malades, et la plupart de nos officiers étaient dans l'impossibilité de continuer leur service. Cependant, le moment devenait de plus en plus critique, et les hommes valides avaient à redoubler de zèle, l'ennemi ne nous laissant pas de repos.

Le bombardement était commencé sur nos forts de l'Est. Des quantités de batteries prussiennes, armées de monstrueux canons, étaient établies sur les hauteurs de Chelles, Gournay, la Ville-Evrard, Neuilly-sur-Marne et Cœuilly.

Après deux jours de combat, nos forts avaient leurs feux éteints, leurs casernes démolies et la garde du plateau d'Avron avait été obligée d'évacuer la nuit.

De nos postes, nous pouvions voir cette terrible canonnade, envoyant cinq et six obus par minute sur les points les plus habités; et le soir, les petits journaux nous apprenaient le nombre des victimes, et les désastres causés par les foudroyants engins de l'ennemi, sur nos ouvrages fortifiés et dans les quartiers à l'Est de Paris.

Du 30 décembre au 3 janvier, de nos cantonnements, nous entendîmes, la nuit, un bruit sourd au loin, produit par le roulement du matériel de guerre des Prussiens,

sur les routes pavées de Chelles à Versailles par Choisy,
la Belle-Epine et Rungis; par ce bruit, on se rendait
compte de l'activité féroce avec laquelle on poussait ces
travaux. Des milliers de paysans français étaient réquisi-
tionnés pour être employés à ces ouvrages qui allaient
peut-être donner la mort à leurs enfants, leurs familles,
leurs amis, enfin, à des compatriotes.

Plusieurs préféraient mourir que de se prêter à ces
infernales machinations; mais, hélas! il y en avait aussi
qui se souciaient peu de notre malheureuse destinée.

XXVII

Ces nouveaux travaux, exécutés avec tant de fureur par
les Allemands, étaient destinés au bombardement de nos
positions du Sud : nous en avions le pressentiment par le
calme qui exista pendant 24 heures autour de nous. Mais
le 5, à 8 heures du matin, l'ennemi découvrit ses batteries
derrière la Faussaye, à Chevilly et à l'Hay. Nous allions
prendre notre repas, quand, tout-à-coup, des sifflements
et des explosions d'obus se firent entendre au-dessus de
Villejuif. Aussitôt, on cria : « Aux armes! Nous sommes
attaqués!... En avant, pour délivrer les postes avancés ou
les doubler! Tout le monde aux postes de combat! »

Notre bataillon fut désigné pour se porter à 6 ou 700
mètres en avant, dans les tranchées Tripier, sur la route
de Fontainebleau, aux gabionnades, devant Chevilly et le
Moulin-Saquet, afin de secourir les compagnies de Morlaix et de Quimper. On marcha par peloton, déployé en
tirailleurs, et au pas de course; car si les hommes restaient en groupe, les feux se dirigeaient immédiatement
sur eux; tandis que, déployés en courant en avant, on

déjouait le calcul du tir des Prussiens, et leurs projectiles passaient à trois ou quatre mètres au-dessus de nous, pour tomber à 15 ou 20 mètres en arrière.

Ainsi nous arrivâmes, sans accident, dans les tranchées. Nos hommes, effrayés, s'accroupirent derrière les parapets pour reprendre leur sang-froid ; aussitôt les Prussiens lancèrent sur nous leurs feux plongeants, et des centaines d'obus voltigèrent au-dessus de nos têtes : là, ces obus décrivaient un arc de cercle, et tombaient presque normalement au plan de tir, tantôt sur l'arête extérieure de la tranchée, tantôt sur l'arête intérieure, mais rarement ils nous atteignaient, parce qu'au moment de l'explosion les éclats se séparaient en forme d'éventail et s'envolaient, en avant, comme une bande de moineaux ; nous ne recevions que des éclaboussures de terre ou de pierrailles.

Après quelques heures passées ainsi, dans cette position, l'ennemi voyant qu'il ne pouvait nous débusquer, dirigea son tir sur les cantonnements, les maisons et particulièrement sur l'église, où était notre observatoire.

Les hommes chargés des vivres n'osaient sortir de Villejuif, pour nous apporter notre nourriture, les obus sillonnant les chemins et les rues ; mais, ce jour-là, il y avait peu d'estomacs disposés à digérer le cheval ; pourtant le froid était si grand, qu'il fallut ranimer l'engourdissement de quelques-uns avec un peu d'eau-de-vie ou du vin chauffé que les plus prévoyants avaient conservé dans leur bidon.

Notre position était déplorable ; cependant, vers la fin du jour, le feu se ralentit. Nous avions calculé qu'il avait dû tomber environ 2,500 obus sur Villejuif, et 500 sur les tranchées. A la suite de cette forte attaque, nous fûmes heureux de reconnaître qu'il n'y avait à regretter que

6

quelques pertes dans la garnison : notre bataillon ne comptait que quatre ou cinq blessés.

La moitié de nos compagnies resta de garde la nuit, qui fut calme ; on n'entendait plus que toutes les cinq minutes, un obus par ci, par là, éclater sur les toits, dans des maisons évacuées ou dans les rues : ce qui ne troublait en rien le sommeil de nos hommes, lesquels étaient couchés sur la pierre, dans les caves, ou sur les dalles d'un rez-de-chaussée ; quand nous avions des alertes, on parvenait difficilement à les faire sortir de leur léthargie.

XXVIII

La deuxième journée du bombardement à Villejuif fut aussi terrible que la première ; seulement, on nous fit prendre nos postes de combat avant le jour, pour ne pas nous exposer inutilement au tir de l'ennemi.

Des compagnies avaient été laissées en réserve, dans les maisons et les rues défilées de Villejuif ; les dames des ambulances et MM. nos aumôniers circulaient de bataillon en bataillon, pour secourir les blessés : ces Messieurs disaient aussi leur messe dans la pauvre église criblée d'obus, et dont le clocher servait de point de mire. De pareils exemples encourageaient nos Bretons, qui s'habituèrent au sifflement diabolique de ces engins destructeurs, et quand le danger les menaçait, se rappelant les recommandations de leurs chefs, ils se défilaient immédiatement ; puis, tôt après l'explosion de l'obus, s'il n'avait causé aucune perte, ils en ramassaient les débris, et quelquefois l'obus entier, si ce dernier était tombé sur un corps mou ou un sol labouré.

Ce jour-là, notre bataillon eut deux hommes tués et

quatre bléssés dans la cour de leur casernement. Quelques heures plus tard, un obus venait éclater dans la chambre où mangeaient notre lieutenant-colonel et notre colonel : il y avait dix minutes que leur repas était achevé, leur service de table fut en partie brisé par les éclats ; un autre obus enleva la cheminée de notre cuisine, etc ; enfin, tous ces incidents de peu de gravité nous laissaient voir que le bombardement était plus épouvantable que meurtrier. Les Prussiens s'en aperçurent aussi bientôt, et dirigèrent alors leur tir à longue portée sur les quartiers Sud de Paris.

XXIX

Quoique les ennemis eussent diminué leurs feux à volonté, ils n'en continuèrent pas moins à nous inquiéter par un tir plus régulier et mieux calculé, afin de nous enlever nos positions, comme au plateau d'Avron. Il fallut donc nous tenir constamment aux postes de combat et en alerte ; et, chaque jour, nous avions à déplorer de nouvelles pertes dans notre brigade.

Les Parisiens et l'armée voyaient la famine arriver à grands pas : les privations de toutes sortes occasionnaient la mort à un nombre considérable d'assiégés. Ces calamités, plus redoutables que les combats, firent décider au conseil de la défense une dernière tentative de sortie. Nous pensâmes qu'elle se ferait de notre côté, M. le ministre de la guerre ayant réorganisé nos cadres, le 17 janvier, par la nomination d'un chef de bataillon en remplacement de M. Latour, toujours très-malade, et par celle de quelques capitaines, lieutenants et sous-lieutenants pour occuper les emplois vacants du bataillon.

Dans cette alternative d'une dernière épreuve de délivrance, nous n'osions guère compter sur un succès, les nouvelles de l'extérieur étant peu rassurantes. Nous n'avions pour combattre ou marcher en avant que des troupes affaiblies et démoralisées et une artillerie sans chevaux pour traîner les canons ; mais un dernier essai était indispensable afin de satisfaire aux exigences d'un grand nombre de défenseurs inexpérimentés sur les résultats d'une lutte inégale. Ainsi, le 19, il fut ordonné une sortie à l'Ouest de Paris, sur Buzenval et Montretout : l'élan de nos troupes fut sublime ; mais, toujours assaillies par le nombre, elles furent bientôt, en partie, prisonnières ou mises en déroute, et les débris obligés de rentrer dans Paris. De ce jour, le désespoir fut à son comble, et notre malheur consommé.

XXX

Après cette fin désastreuse de notre armée de Paris, les bataillons indisciplinés de Belleville et de la Villette, ceux qui n'avaient jamais voulu rester vingt-quatre heures dans les tranchées, prirent les armes pour recommencer leur comédie dramatique du 30 octobre 1870 : ils tirèrent sur l'Hôtel-de-Ville, les ministères, et mirent Paris en pleine révolte. Cette fois encore, les Bretons devaient combattre les perturbateurs, et, en cette circonstance, les mobiles de Châteaulin firent leur devoir ; mais dans la crainte qu'ils ne fussent pas de force suffisante pour arrêter l'émeute, on nous donna l'ordre de quitter précipitamment nos postes de Villejuif et quatre de nos compagnies entrèrent dans Paris le 23 janvier à trois heures du soir, et à dix heures, celles qui se trouvaient sur les lignes avancées.

C'était pour nous un triste changement d'ennemis, et nous eussions préféré continuer la défense, plutôt que de faire feu sur une population malheureuse, composée forcément de bons et de mauvais citoyens ; mais la mission était donnée, il nous fallait la remplir en soldats soumis. Nous fîmes la patrouille dans les rues du quartier Mouffetard ; l'émeute s'apaisa, et bientôt le calme se rétablit. Alors nous rentrâmes dans des baraques du 9ᵉ secteur, près de la porte de Vitry.

Là devait se terminer notre rôle de soldat, car nous apprîmes qu'en ce moment, une convention d'armistice était en voie de se conclure. Mais rien encore ne changea notre dure existence : nos logements consistaient en quelques planches disjointes ; le froid, la pluie et la neige y pénétraient de tous les côtés. Nos mobiles étaient entassés les uns sur les autres, et les officiers n'avaient comme eux que des lits de camp.

Nos ennemis, toujours insatiables du sang des assiégés ne cessaient de lancer des obus dans Paris, particulièrement sur nos quartiers, et ce ne fut qu'à l'heure de la signature de l'armistice, le 28 janvier 1871, qu'ils éteignirent leurs feux.

XXXI

Tel fut le sort fatal réservé à la résistance de Paris : reddition de nos postes avancés, de nos forts, de nos armes, et les mobiles prisonniers... L'ordre de la grande cité fut confié à 12,000 hommes de troupe et à 200,000 de gardes civiques dont les deux cinquièmes, environ, étaient des agitateurs plus ou moins exaltés.

Voilà à quoi aboutirent le sentiment patriotique, la

bonne volonté et les dévouements de toutes sortes de nos provinces.

L'état dans lequel allait se trouver notre pauvre patrie nous causait de douloureuses réflexions ; mais il nous restait l'espérance de revoir bientôt nos familles, nos amis de Bretagne, et c'était pour nous une grande consolation, au milieu de toutes ces épreuves que nous subissions depuis notre entrée en campagne.

Le jour même de la reddition, nous vîmes rentrer nos braves marins de Vitry et du fort d'Ivry ; eux aussi étaient tristes, et sur leur visage, comme dans leur démarche, se peignait un désespoir mêlé de colère : ils avaient si bien rempli leur devoir ! Hommes sans peur et sans reproche, ils avaient marché au-devant de l'ennemi, avec le même sang-froid qu'ils abordent les flots de l'Océan. En ce moment, comme tous les bons patriotes, ils ne pouvaient que concentrer leur dépit et attendre de meilleurs jours pour relever la gloire de nos armes.

La garde nationale des parties annexées de Paris ayant conservé ses armes, continuait le service des remparts : leurs cantines et leurs cabarets environnant cette ligne de défense, ne perdaient rien de leur commerce qui marchait comme pendant le siége, et les gardes à outrance réunissaient les canons, pour les placer sous l'égide de leur opinion.

XXXII

Nos soldats désarmés n'ayant plus de devoir militaire à remplir, se trouvèrent complétement livrés à eux-mêmes et le souvenir de leur famille, de leur village, de leurs champs délaissés les occupait, plus que jamais ; on crai-

gnit alors pour eux les suites fâcheuses d'une molle oisi-
veté ; mais, bientôt, la nouvelle que le service des postes
était rétabli les réveilla de cette espèce d'engourdissement
moral auquel ils s'étaient laissés aller un instant, et chacun
s'empressa de rassurer les siens et de leur donner enfin
l'espoir d'un prochain retour.

Dans ces jours de détresse pour la France, on voulut
aussi avoir le concours de nos jeunes gens, pour la nomination de la Constituante, mais détachés de tout parti, en
bons Bretons, ils ne suivirent que leur propre inspiration ;
ils votèrent pour leurs amis ou leurs connaissances, et
ainsi ne contribuèrent à la nomination de personne.

Vers les premiers jours de février, on vit avec plaisir les
approvisionnements arriver dans Paris : les boulangeries,
les boucheries, les magasins de comestibles se garnirent
aussitôt de pain blanc, de viande de bœuf ou de mouton
et de légumes de toutes sortes. On se réjouissait à la vue
de ces aliments dont on avait été privé depuis six mois ;
les craintes de la famine disparurent : les Prussiens n'a-
vaient donc pu tout dévorer.

Nos mobiles, remis des misères de la guerre, voulurent
profiter de leur séjour dans *la capitale*, comme ils dési-
gnaient Paris, afin d'en raconter les merveilles à leur retour au foyer. Ils visitèrent les chefs-d'œuvre d'architec-
ture, de peinture et de sculpture : ils allaient partout, ils
voulaient tout voir... Cependant, ils n'oubliaient pas, non
plus, les habitants qui les avaient accueillis si fraternel-
lement à leur arrivée, et renouvelèrent connaissance avec
eux. Presque tous, aussi, se rendaient dans les ambulances ou les hôpitaux pour revoir leurs camarades ; mais
beaucoup manquaient à l'appel. Nous trouvâmes notre
brave commandant Latour dans le même état, sans espérance de guérison.

Les malades les moins éprouvés revenaient parmi nous pour jouir des premiers beaux jours du printemps et du bien-être qui se rétablissait dans Paris.

XXXIII

Le 2 mars, le bruit se répandit que les Prussiens visiteraient les quartiers Ouest de Paris; leur but était sans doute de compléter notre humiliation par cette dernière bravade; mais elle se changea bientôt en dépit, quand à leur entrée en ville, ils ne trouvèrent que des rues désertes et des portes closes, les Parisiens, comme l'armée, s'étant abstenus de se montrer. Les seuls témoins de leur triomphe furent des gamins qui s'étaient réunis pour huer et siffler leurs chants de victoire.

Il passèrent ainsi deux jours, attendant vainement des spectateurs, et le 5, avant l'aurore, ils reprenaient la route de Versailles

..... Honteux et confus,
Jurant, mais un peu tard, qu'on ne *les y* prendrait plus.

Les préliminaires de paix furent enfin arrêtés, et nous nous réjouissions à la pensée que nous allions revoir nos clochers, des bataillons de marins ayant déjà reçu l'ordre de quitter Paris. Cependant, ces derniers jours nous semblèrent des années, d'autant plus que dans nos excursions, il nous arrivait parfois de fàcheuses rencontres, sur les boulevards et les places, plus que jamais garnis de gardes nationaux armés. Dans le nombre étaient des aspirants communeux, qui, reconnaissant en nous des Bretons, nous exprimaient leur antipathie par des cris menaçants, nous traitant surtout de c.. .... de Trochu. Isolés et sans armes, il nous fallait supporter ces injures, en feignant de ne pas les entendre, ou s'exposer à des scènes regrettables. Aussi fûmes-nous très-heureux d'apprendre que le 10 était fixé pour notre retour au pays.

XXXIV

On nous permettra de rappeler ici l'enthousiasme de nos mobiles à leur départ de Brest pour Paris ; nos lecteurs comprendront aisément que celui du retour dut être encore plus grand : le sentiment de la famille, que nous avions désespéré de revoir, parlait si hautement en nous ; d'ailleurs, si nous n'avions pas d'exploits glorieux à raconter de notre campagne, il nous restait la persuasion d'avoir rempli la promesse de nos engagements : car, continuer la lutte contre un ennemi rusé, dissimulé et instruit sur toutes les connaissances mathématiques et pratiques de la guerre, était au-dessus de nos efforts communs, et nous n'avions dans le moment qu'à nous résigner, tout en espérant pour l'avenir une destinée plus heureuse.

Enfin, le 10 mars, à midi, le bataillon se mit en marche pour la gare de l'Ouest ; à trois heures nous montions dans les wagons, puis le signal annonça au chef de train de se mettre en route. Que de tristes changements nous remarquions, hélas ! pendant ce trajet ! D'abord, nos travaux formidables de la défense, et ceux des batteries prussiennes, ensuite les gares et les maisons des petites villes de Meudon, Chaville et Viroflay, démolies et encore occupées par nos ennemis. A notre passage, ils se plaisaient à nous lancer leurs regards de vainqueurs auxquels nous répondions par un mouvement de pitié.

De Versailles au Mans, c'était le même spectacle de désolation : ici, un camp abandonné, là, des bourgades réduites en cendres, plus loin, une ville bombardée, et au milieu de ces ruines, des populations consternées.

Entre le Mans et Laval, nous reconnûmes les mobiles et les mobilisés du Finistère, encore de service sur les dernières limites du théâtre de la guerre. Nous n'avions donc plus à redouter la rencontre de nos ennemis, l'espace qui nous restait à parcourir n'ayant pas été souillé par eux : enfin nous étions en Bretagne !

En route, nous reçûmes l'ordre de débarquer nos mobiles, chacun à la gare qui le rapprochait de son domicile.

Nous arrivâmes à Morlaix, vers huit heures du soir : là beaucoup descendirent du train, et à chaque nouvelle station le nombre de nos hommes diminuait. Pour notre entrée à Brest, à 10 heures, il ne restait plus qu'un dixième de notre bataillon.

Avant de se séparer, les officiers convinrent de se réunir au café de la Bourse, pour cimenter le bon accord qui avait toujours régné parmi eux durant la campagne. Le petit repas d'adieu fut splendide et se termina par des expressions mutuelles de sincère amitié.

Ainsi fut achevée la carrière militaire de nos mobiles. Sept mois !... Le temps nécessaire pour faire parvenir un fantassin à l'école de bataillon : tandis que nos jeunes gens venaient de passer par toutes les phases d'une des plus terribles guerres qu'ait éprouvées notre pays, n'ayant pour

guide que leur dévouement et leurs sentiments patriotiques.

Dans ce simple récit, on pourra reconnaître des ensei-
gnements qui feront apprécier la force des contingents de
la mobile. En les instruisant, en temps de paix, dans les
principes les plus nécessaires de l'art militaire, la France,
à l'avenir, en composerait des armées, qui aideraient
beaucoup à relever notre gloire.

Décembre 1871.

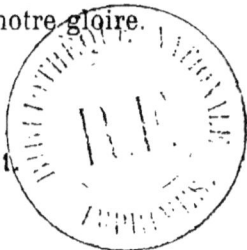

Brest. — Imp. J. B. Lerournier aîné.